Annette Buchmann
Gedichte

Annette Buchmann

Gedichte

Rediroma-Verlag

Bibliografische Information der Deutschen Nationalbibliothek:
Die Deutsche Nationalbibliothek verzeichnet diese Publikation in der Deutschen Nationalbibliografie; detaillierte bibliografische Daten sind im Internet über http://portal.dnb.de abrufbar.

ISBN 978-3-96103-869-5

Umschlagillustration: mizar_21984

www.rediroma-verlag.de
6,95 Euro (D)

Inhalt

38. Geburtstag

38 bist Du nun,
für Dich gibt es noch viel zu tun.
Diese Zahl, die tut Dir noch nicht weh,
die 40 wird schon schlimmer, oje.

2 Jahre hast Du noch Zeit,
aber mach Dich jetzt schon für die 40 bereit.
Diese Zeit wird schnell vergehn,
Jetzt bist Du noch jung, auch die 38 und 39 werden gehn.

Bis dahin, mach es Dir recht fein,
nun stehst Du noch auf beiden Beinen.
Es ist noch so vieles drin,
da bekommt Dein Leben erst einen Sinn.

Schenk Dir mal ein Gläschen ein,
stoß auf die 38 an, das muß nun sein.
Schrei doch mal Hurra,
die 38 ist da.

Aber dann kommt in leisen Schritten,
bald die 39 angeritten.
Dann wird es schon kriminell,
es geht rasend schnell.

Im nächsten Jahr ist es soweit,
die 38 geht, es ist Zeit.
Glaub mir, der Spaß geht langsam dahin,
wenn erst die 39 ist drin.

Dann schreist Du schon,
die Null kommt bald,
warum wird mir auf einmal so kalt.

Vor der 40 hab mal bang,
das ist gar nicht mehr so lang.
Du fängst jetzt schon an zu stöhnen,
fang mal an, Dich langsam dran zu gewöhnen.

Genieße die Tage vor der 40 noch,
fall noch nicht in dieses Loch.
Mach es Dir recht gemütlich noch,
die 40 kommt, ich seh sie doch.

Die 40 kommt, sie kommt auf Dich zu,
an Deiner Stelle, hätt ich keine Ruh.
Glaub mir, 40 willst Du niemals werden,
das ist das Schlimmste, hier auf Erden.

Aber, versuch nicht dran zu denken,
die 39 wird Dich schon lenken.
Die gibt Dir dann das Komplettpaket,
mit 40 ist es nämlich für alles zu spät.

Also mach aus der 38 was,
ich sage Dir, die wird richtig krass.
In der 38 steckt viel Leben drin,
Das ist Dein Gewinn.

Der Frühling ist da

Der Winter ist vergessen,
lang genug hat man dringesessen.
Wir gehn raus in die Natur,
da wird man wieder fröhlich und man kommt auf die richtige Spur.

Die Felder und Wiesen sind grün,
da bleibt jeder gern stehn.
Da geht man gern durch den Wald,
schon raschelt es bald.

Du siehst, wie sich ein Häschen versteckt,
es hat Angst, das man es entdeckt.
Da klettert ein Eichhörnchen auf dem Baum
Du glaubst es kaum.

Ein Spaziergang an der Natur tut gut,
vergessen ist alle Wut.
Die Natur bietet so viel schöne Sachen,
und man kann herzhaft lachen.

Alle Tiere kommen aus ihrem Bau,
bei ihnen gibt es keinen Stau.
Sie tollen wild umher,
der Wald ist niemals leer.

Die Tiere necken und lieben sich,
da lacht das Herz sicherlich.
Wenn die Sonne scheint,
der Wald es gut mit Dir meint.

Auf dem Spielplatz, das tut den Kindern gut,
sie können rauslassen alle Wut.
Auf der Rutsche geht es flott herunter,
da wird jedes Kind munter.

Das Hinfallen ist schnell vergessen,
sie können wieder klettern ganz versessen.
Auf der Schaukel, ist das ein Spaß,
schuppen sie sich an, ohne Unterlaß.

Das es schon dunkel wird, merken sie nicht,
sie wollen nur spielen, sie sagen nichts.
Die Kinder wollen nicht nach Haus,
sie möchten am liebsten Tag und Nacht raus.

Die Müdigkeit überkommt aber jedes Kind,
dann geht es doch gleich nach Haus geschwind.
Morgen ist ja auch noch ein Tag,
dann geht es auf zum nächsten Schlag.

60. Geburtstag

Nun ist Dein 60. endlich da,
ja, es ist wirklich wahr.
60 ist nur eine Zahl,
nimm sie an, Du hast keine Wahl.

Zu Deinem Geburtstagsfeste,
wünsche ich Dir nur das Beste.
Ich gratuliere Dir von Herzen,
es sollen brennen 60 Kerzen.

Dein Ehrentag ist heute,
das wissen alle Leute.
Es werden kommen viele Gäste,
wir werden feiern ein rauschendes Feste.

Ich wünsche Dir für das 60. Lebensjahr,
viel Glück und ein Hurra.
Diesen Tag mußt Du ehren,
da kann sich keiner beschweren.

Laß Dich feiern einmal im Jahr,
sie sind alle für Dich nur da.
Du hast es Dir verdient,
das man Dich bedient.

Einmal im Jahr muß man das genießen,
gemeinsam mit den anderen sein Fest zu begießen.
Ich hebe mein Glas auf Dich,
Du sollst feiern, ordentlich.

Stoßt jetzt miteinander an,
dann könnt Ihr singen irgendwann.
Wenn sich das Fest dem Ende neigt,
dann werdet Ihr sehen, wo Ihr bleibt.

Hoffentlich finden alle den Weg nach Hause
und machen nicht noch eine Sause.
Ich wünsche auch noch allen Gästen eine schöne Feier
und einen Nachhauseweg ohne Geier.

Allein im Wald

Meine Seele schreit nach Dir, mir ist so kalt,
mir ist, als steh ich allein, in einem dunklen Wald.
Verlaufen hab ich mich ohne Dich,
Du mußt mich suchen und finden mich.

Um mich rum ist alles dunkel und still,
nur Du bist es, was ich will.
Es wird immer dunkler hier,
ich sehn mich so nach Dir.

Die Dunkelheit läßt mich nicht mehr los,
meine Liebe zu Dir ist riesengroß.
Für mich ist es immer Nacht,
wenn Du wieder hier bist, mein Herz erst wieder lacht.

So einsam und allein im dunklen Wald,
ich schrei nach Dir, es schallt.
Kannst Du es hören, wie ich nach Dir ruf,
das steht nirgends in einem Buch.

Ich rufe nach Dir stundenlang,
im Wald ich hock, meine Seele ist krank.
Die Dunkelheit, Kälte und Schmerz fressen mich auf,
hol mich doch endlich hier raus.

Ich finde alleine den Weg nicht raus,
nur Du kannst mir sagen, „Gib nicht auf".
Du mußt mich befreien ganz geschwind,
weil wir füreinander sind bestimmt.

Wenn Du kommst, wird der Wald ganz hell,
ich habe keine Angst mehr, schnell.
Du kannst mich rufen hören,
das kann ich Dir schwören.

Im dunklen Wald ist die Einsamkeit groß,
ich spür die Liebe in mir, sie läßt mich nicht los.
Vielleicht werd ich hier in diesem Wald noch sterben,
ganz verlassen und allein auf Erden.

Im Wald leg ich mich hin zur Ruh,
in meinen Träumen bist sowieso nur Du.
Voller Kummer und Schmerz ist mein Herz,
das ist niemals kein Scherz.

Meine Freude im Leben habe ich verloren,
hier im Wald ist die tiefe Trauer geboren.
Ich trauere um Dich, hörst Du es nicht,
ich liebe Dich.

Hier im Wald bin ich schon seit langem,
ich bin gefangen.
Ich weiß nicht mehr, was ich machen soll,
ich will raus, ich hab die Schnauze voll.

Voll erstarrt bin ich bald,
mir wird immer mehr kalt.
Erwärmen kann ich mich nur mit Dir,
sieh doch, ich frier.

Hol mich raus aus diesem Wald,
dann ist mir auch nicht kalt.
Es wird alles erblühen,
mein Herz, es wird glühen.

Das Rauchen

Das Rauchen ist doch ungesund,
warum rauchen wir dann, wie die Hund?
Die Lunge piept nun mal,
wir haben keine Wahl.

Das Rauchen ist für uns wichtig,
ich glaub, wir machen alles richtig.
Für jede Zigarette gibt es einen Grund,
man steckt sie sich eben mal in den Mund.

Jede Zigarette ist ein Muß,
man fragt sich, wann kommt der nächste Schuß.
Es ist wie ein Droge auf Hawai,
komm und sei auch dabei.

Mach es wie wir,
Du nur auf die Zigaretten stier.
Du wirst es sehn,
nur mit Zigaretten kann es weitergehn.

Willst Du eine rauchen,
das kannst Du jetzt gebrauchen,
Deine Lunge muß doch schon pfeiffen,
kannst Du das noch begreifen.

Das Rauchen macht uns froh,
das ist nun einmal so.
Jeder Zug ist wie ein Gedicht,
den man niemals mehr vergißt.

Wir rauchen immer weiter,
da wird man wenigestens heiter.
Man muß uns doch verstehn,
am Tabakladen bleiben wir stehn.

Jede Sorte nehmen wir mit,
das ist auch Dein erster Schritt.
Probier jede Sorte aus,
Du wirst sehn, es ist ein Schmaus.

Dem Leben davonrennen

Warum ist mein Herz so schwer,
warum belastet das alles mich so sehr.
Warum komm ich von Dir nicht los,
der Schmerz ist riesengroß.

Der Schmerz bohrt sich immer tiefer in mein Herz,
das ist sicher kein Scherz.
Mein Herz brennt heiß, wie Feuer für Dich,
es ist so heiß, ich verbrenne mich.

Qualvoll vegetiere ich dahin,
mein Herz weint, das ist richtig schlimm.
Gebrochen ist mein Herz,
er zerreißt mich, dieser Schmerz.

Auf dieser Couch, was mach ich nur noch hier,
ich vegetiere dahin und verzehre mich nach Dir.
Ich ertrag es nicht mehr aufzustehn,
um wenigstens ein paar Schritte zu gehn.

Diese Couch ist mein Ende,
wenn nicht bald kommt, die Wende.
Diese Couch, ich hasse sie,
weil ich immer um „Hilfe“ schrei, sie enden nie.

In meinem Herzen bin ich gefangen,
es hat die Liebe zu Dir aufgefangen.
Ich schenke Dir sogar mein Leben,
für Dich würde ich es aufgeben.

Davonrennen möcht ich dem Leben,
was kann es denn mir noch geben.
Einsam und allein kämpf ich mit mir,
ich wollt, Du wärst hier.

Es ist für mich ein täglicher Kampf,
mit mir zu Ringen, ich habe Angst.
Warum bekomm ich immer nur Hiebe,
von den Menschen, die ich liebe?

Die Kaffeefrau

Meine Freundin, die Kaffeetrinkerin kommt ins Haus,
mit Milch und ohne Zucker,
das ist für sie Futter.

Wenn sie kommt, stell ich den Kaffee an,
dann ist sie auch schon gleich ran.
Dann gieß ich den Kaffee ein,
das findet sie ganz fein.

Sie sagt, „Der Kaffee tut jetzt gut“.
Ich sag, „Komm rein in die gute Stub“.
aber „ohne Zucker“, sagt sie dann,
das macht doch mal wieder Fun.

Diese Tasse wird gleich geleert,
über Kaffee hat sie sich noch nie beschwert.
Bald heißt es wieder, „Kannste mal noch nen Kaffee kochen“.
Ich sag, „Klar, ich hab es schon fast gerochen.“

Schon stell ich die Kaffeemaschine in Gang,
der Kaffee lebt nicht lang.
Wieder mit Milch und ohne Zucker,
dann ist doch alles in Butter.

Wieder stell ich ihr den Kaffee hin,
sie leert ihn gleich aus, das macht Sinn.
Ich sage, „Du hast wohl keinen Kaffee mehr,
ich hol Dir neuen, der ist leer“.

Zwischendurch trinkt sie auch mal Brause,
dann macht sie von Kaffee mal eine kleine Pause.
Aber lange hält das nicht an,
der Kaffee muß ran.

Ein Käffchen trinken wir beide dann,
jetzt wird mir schön warm irgendwann.
Nur heißer Kaffee macht mich munter,
sie bekommt auch kalten runter.

Selbst, wenn noch ein Rest in der Kanne ist,
den leert sie aus, egal, wie kalt er ist.
Kaffee ist ihr Lebenselexier,
den brauch sie, es ist wie eine Gier.

Egal, ob löslichen Kaffee oder normal,
Sie trinkt alles, sie hat immer die Wahl.
Aber bei mir gibt es Kaffee aus der Maschine,
dabei zieht sie nie eine Mine.

Der Kaffee schmeckt ihr immer vorzüglich,
ja, bei mir ist es auch gemütlich.
Die Gemütlichkeit kommt auch beim Rommeyspiel,
Kaffee dazu, das ist alles, was sie will.

Das ist wieder eine gemütliche Runde,
Kaffee dazu, zu jeder vollen Stunde.
Das ist das, was sie braucht,
der Kaffee muß schnell bei ihr in den Bauch.

Du mein Licht

Du bist mein Licht im Dunkeln,
du bist mein Licht, mur mit Dir möcht ich munkeln.
Du bist mein Licht, wo immer ich bin,
Du bist mein Licht, Du bist in meinem Herzen drin.

In meinem Herzen bist nur Du, mein Licht,
etwas anderes brauch ich nicht.
Mein Herz wird immer heißer,
meine Stimme immer leiser.

In meinem Herzen brennt das Feuer,
ein neues Herz wird viel zu teuer.
Immer höher brennen die Flammen,
ich kann mich nicht mehr sammeln.

Du mein Licht, schmeiß mich nicht einfach so weg,
Du mein Licht, behandle mich nicht mehr wie Dreck.
Du mein Licht, ich fühle mich wie ausgebrannt,
Du mein Licht, ich fühle mich, als wär ich von Dir verbannt.

Du mein Licht, ich will Dich sehn,
Du mein Licht, sollst nie wieder gehn.
Du mein Licht, ich vermiß Dich doch,
Du mein Licht, ich pfeiffe schon aus dem letzten Loch.

Du mein Licht, nur mit Dir will ich zusammensein,
Du mein Licht, mit keinem anderen kann ich glücklichsein.
Du mein Licht, mit Dir brauch ich keine Kerzen,
Du mein Licht, nur mit Dir kommt alles von Herzen.

Du mein Licht, ich will Dich anfassen und greifen,
Du mein Licht, ich kann das alles nicht begreifen.
Du mein Licht, das mußt Du doch verstehn,
Du mein Licht, Du kannst nicht mehr gehn.

Du mein Licht, bist Sonne und Mond zugleich,
Du mein Licht, am Himmel die Sterne leuchten jede Nacht
heiß.
Du mein Licht, ich habe immer Angst um Dich,
Du mein Licht, warum verstehst Du das nicht.

Du mein Licht, keine andere liebt Dich jemals so wie ich,
Du mein Licht, nein, ich vergeß Dich nicht.
Du mein Licht, ich bin immer für Dich da,
Du mein Licht, das ist doch klar.

Du mein Licht, wir kennen uns so lange,
Du mein Licht, ich tanz sogar für Dich an der Stange.
Du mein Licht, das mit uns ist nie zu Ende,
Du mein Licht, denn jetzt kommt die Wende.

Du

Du bist mein leuchtender Stern,
nur Dich hab ich gern.
Du bist mein Stern in der Nacht,
der über mich wacht.

Du bist mein Engel, der mich beschützt,
Du bist mein Engel, der mich küßt.
Du bist mein Engel, der kommt in der Nacht
und mich bewacht.

Du bist mein heller Sonnenschein,
nur mit Dir kommt das Glück herein.
Du bist die Sonne, die ich brauch,
Du scheinst mir immer auf den Bauch.

Du bist im Dunkeln mein Licht,
das brauch ich, sonst seh ich nichts.
Du bist mein Licht, das niemals erlischt,
das Licht, was immer scheint auf mich.

Du bist mein Herzblatt für immer und ewig,
denn dafür leb ich.
Du bist mein Herzblatt jeden Tag,
weil ich Dich so mag.

Du bist alles, Du bist mein Leben für mich,
nein, ich vergeß Dich nicht.
Für Dich würde ich mein Leben geben,
denn Du weißt, ich liebe Dich.

Du bist die Sonne, die auf mir scheint,
wenn mein Herz weint.
Du bist die Sonne, sie lacht mich an,
wir kommen zusammen und küssen dann.

Du bist meine Liebe für alle Zeit,
Du bist meine Liebe, mach Dich bereit.
Du bist meine Liebe, für die ich kämpf,
Du kriegst meine Liebe, die ich Dir schenk.

Du bist der Halt, den ich brauch,
gebe niemals unsere Liebe auf.
Du bist der Halt, für den ich kämpf,
Du bist der Halt, denn unsere Liebe brennt.

Falsche Freunde

Sein neues Liebesleben ist auf eine Lüge aufgebaut,
man oh man, das der sich das traut.
Er ist von jetzt auf gleich bei mir ausgezogen
und hat mich und die anderen belogen und betrogen.

Unsere ganzen Freunde hat er auf seine Seite gezogen,
dabei hat er doch über alle hergezogen.
Für jeden opferte ich mich auf
und nun hauen sie nur auf mir drauf.

Ich steh vollkommen alleine da,
ich war im Leben immer für alle da.
Hab für jeden alles gemacht
und nun schmeißen sie mich einfach rein in den Schacht.

Das ich das vorher nicht sah,
die Falschheit in Euren Augen war schon da.
Schnell habt Ihr gemerkt, das ich zum Ausnutzen war,
ich war einfach immer da.

Jetzt wird getratscht und geredet über mich,
aber ich mache einen Strich.
Das waren keine Freunde dann,
man sieht sich zweimal im Leben irgendwann.

Am Ende lacht immer der Dritte,
Ihr seid doch alle gleich aus dieser Sippe.
Kleinkriegen wollt Ihr mich,
macht Euch doch nicht lächerlich.

Wer so unehrlich und gemein,
den pinkelt man auch irgendwann ans Bein.
Seine Strafe bekommt jeder im Leben,
die bleibt für immer an Euch kleben.

Ihr werdet auch tief fallen, glaubt es mir,
denn es heißt nicht umsonst, „Wie Du mir, so ich Dir“.
Am Ende landet Ihr da, wo ich jetzt bin,
das ergibt ja wohl einen Sinn.

Ihr werdet auch noch verzweifelt um Hilfe schrein,
dann seid Ihr nämlich auch allein.
Irgendwann, Ihr werdet sehn,
ich werde immer wieder stehn.

Feiertagstrauer

Ich wünsche „Frohe Weihnachten“ mir,
mir ist, als wär ich gar nicht hier.
In eine andere Welt bin ich entflohen,
vor Weihnachten bin ich geflohen.

Ohne meinen Mann fühl ich mich allein,
warum ist dieses Weihnachten für mich so gemein.
Ich brauche endlich Sonne und Wärme in meinem Herzen,
sonst bekomme ich immer mehr Schmerzen.

Weihnachten gibt es für mich dieses Jahr nicht,
meinem Herzen folge ich.
Mein Herz, es weint so bitterlich,
allein sein, nein, das möcht ich nicht.

Mein Herz versinkt in Trauer und Schmerz,
es tut so weh, mein Herz.
Tränen vergieße ich ganz schön viel.
ich wünsche mir meinen Mann her, das ist mein Ziel.

Weihnachten war für mich immer schön,
gemeinsam mit meinem Mann, das Fest zu begehn.
Nie mehr allein möcht ich Weihnachten sein,
das ist richtig gemein.

Wenn die Leute „Frohe Weihnachten“ wünschen mir,
spiel ich die Starke, hab aber keinen Sinn dafür.
Am liebsten möchte ich losschreien laut,
für mich ist Weihnachten versaut.

Weihnachten fragt kein Schwein nach mir,
es tut so weh, ich bin nicht hier.
Viel schöner ist es, im Regen zu stehn,
um den Schmerz zu ertragen, dann will ich gehn.

Gedichte

Gedichte schreiben, ist mein Lebensinhalt,
da weiß ich, es knallt.
Die Gedanken kommen aus mir rausgeschossen,
sie fließen immer weiter, unverdrossen.

Gedichte schreiben, das macht Sinn,
da ist das ganze Leben drin.
Das Leben muß man in Worte fassen,
dann strömen die Gedanken in Massen.

Gedichte schreiben, das hört nie auf,
sie nehmen bei mir immer ihren Lauf.
Über das Leben gibt es so viel zu erzählen,
das kann niemand stehlen.

Gedichte schreiben, davon bekomm ich nie genug,
das ist das einzige, was ist kein Betrug.
Alles rauszulassen, das tut gut,
vor allem auch ganz viel Wut.

Gedichte schreiben, ohne geht es nicht,
dann würde mir was fehlen, also kein Verzicht.
Die Gedichte sind für mich wie ein Sucht,
sonst fall ich tief in eine Schlucht.

Gedichte schreiben, baut mich auf,
meine Gedanken machen immer was draus.
Ich schreibe ohne auszuruhn,
da hab ich wenigstens was zu tun.

Gefühlschaos

Das Alleinsein bringt mich um,
bei mir ist es stumm.
Leben will ich nur mit Dir,
ich wollt, Du wärst hier.

Allein, ohne Dich, das verkrafte ich nicht,
wie eine Blume geh ich ein,
das wird wohl so sein.

Für mich gibt es keinen Sinn mehr ohne Dich,
ohne Dich verzweifle ich.
Mein Lebenssinn bist Du,
weil ich immer alles für Dich tu.

Meine Freude am Leben ist weg,
ich fühle mich, wie der allerletzte Dreck.
Ich fühle mich so verletzt und betrogen,
warum hast Du mich nur so angelogen.

Aber ich verzeihe Dir
und öffne Dir dann wieder die Tür.
Ich liebe Dich wie verrückt,
denn Du bist mein Lebens- und Liebesglück.

Ich schreibe und schreibe Stund um Stund,
ich schreibe mir die Finger wund,
Du sollst wissen, wie es mir geht
und wie schlecht es um mich steht.

Das sind alles meine Gefühle für Dich,
ich schrei sie heraus, ich liebe Dich.
Grau und schwarz fängt jeder Tag an,
grau und schwarz geht er dann.

Es interessiert mich überhaupt nichts mehr,
und auch sonst empfinde ich nichts mehr.
Nur meine Liebe zu Dir, sie läßt mich nicht los,
ich liebe und vermisse Dich grenzenlos.

Du weißt gar nicht, wie das ist,
wenn man wie ein Stück Dreck weggeschmissen worden ist.
Ja, genauso fühl ich mich,
Du ließest mich auf einmal total im Stich.

Wie ein Stück Dreck, das Du bloß mal so gekannt,
die ganzen Jahre sind auf einmal verbannt.
So schamlos mich einfach so stehen zu lassen,
dafür müßte ich Dich einfach hassen.

Aber das kann ich nicht,
ich liebe Dich.
Ich liebe Dich fürs ganze Leben,
ich habe Dir mein „Jawort“ gegeben.

Genesungswünsche

Du bist stark, das weiß ich genau,
Du bist doch eine klasse Frau.
Du lernst immer wieder neu,
davor hab keine Scheu.

Ich habe keine Bedenken,
Du wirst Dich in die richtige Richtung lenken.
Jeden Tag schaffst Du ein wenig mehr,
Du wirst sehen, Dir geht es bald besser, sehr.

Ich schenke Dir Kraft und Mut,
das tut Dir sicher gut.
Zweifle nicht an Dir,
Du schaffst alles, mit mir.

Ich schenke Dir noch Hoffnung und Glück,
als Freunde sind wir schon verrückt.
Mit anderen Worten, besser soll es Dir gehn.
das wirst Du bald sehn.

Sehe immer nur nach vorn,
auf Deinem Weg gibt es keinen Dorn.
Die Steine räumst Du aus dem Weg,
Du wirst sehen, wie das geht.

Die Sonne soll für Dich scheinen
nein, Du sollst nicht mehr weinen.
Dein Herz soll fröhlich sein und singen,
es wird wunderbar klingen.

Glück

Ohne Pause schreib ich Dir,
ich sitze schon wieder seit Stunden hier.
Meine Gefühle werden immer mehr,
mein Kopf ist mit Worten gar nicht leer.

„Glück“, was ist das für ein Wort,
glücklich mit Dir war ich immerfort.
Weiter will ich mit Dir glücklich sein,
ich laß Dich doch wieder zur Tür herein.

„Glück“ heißt, einander vertrauen,
und gemeinsam das Leben aufbauen.
„Glück“ heißt grenzenlose Liebe,
natürlich ohne Hiebe.

„Glück“ heißt, gemeinsames Lachen,
das will ich mit Dir natürlich machen.
„Glück“, heißt das Leben miteinander zu genießen
und nicht gegenseitig auf sich zu schießen.

„Glück“ heißt, nebeneinander zu liegen
und die Träume zu genießen.
Nebeneinander aufzuwachen,
und das Frühstück zu machen.

„Glück“ heißt, den Tag nicht zu bereuen
und sich auf jeden Tag miteinander freuen.
Jeder Tag könnte der letzte sein,
komm endlich wieder rein.

„Glück“ heißt, neu anzufangen,
egal, wo Du bist hingegangen.
Wir fangen uns beide auf,
komm wieder rauf.

„Glück“ heißt, für den anderen einzustehn,
das ist ganz bestimmt nicht bequem.
Für den anderen da zu sein,
man läßt ihn nicht allein.

„Glück“ heißt, zu sagen, „Ich liebe Dich“,
das zu hören, das gibt man sich.
Es tut einem in der Seele gut,
wenn man ab und zu mal sowas tut.

„Glück“ heißt, niemals zu vergessen,
unsere Hochzeit, die hat gesessen.
So was vergißt man nicht im Leben,
das „Jawort“ haben wir uns gegeben.

„Glück“ heißt, aufeinander zuzugehn,
dann wird sich auch das Glücksrad drehn.
Das Glück kann man nur selber lenken,
daran muß man immer denken.

„Glück“ heißt, sich zu lieben,
niemals den anderen aufzugeben.
Dann ist das Leben schön,
wenn man es zu zweit wird gehn.

„Glück“ heißt, das Glück zu genießen,
dann kann man es begießen.
Es wird wunderschön,
unser Glück wird niemals untergehn.

Herbstwetter

Der Sommer ist vergangen,
der Herbst hat nun angefangen.
Die Blätter fallen von den Bäumen ab,
und man fühlt sich ab und zu ganz schlapp.

Ja, so ist der Herbst nun mal,
aber wir haben alle keine Wahl.
Wir können daran nichts ändern,
der Herbst wird sich durchschlendern.

Es wird morgens später hell,
aber aufstehen müssen wir schnell.
Wer das nicht tut, der kommt zu spät,
einige von uns, wissen ja, wie das geht.

Es ist kalt und regnerisch,
das Wetter ist verschwenderisch.
Kalt und dunkel ist diese Jahreszeit,
das ist nun mal so, weit und breit.

Wenn es gießt, wie aus einem Fass,
dann wird man schnell ganz naß.
Umziehen muß man sich dann,
weil sonst ist so mancher schnell von einer Krankheit dran.

Jetzt bestimmen Erkältungen das Leben,
das muß sich wahrscheinlich jeder geben.
Das ist vollkommen normal,
denn diese Krankheit kommt nun mal.

Im Warteraum wird überall gehustet,
weil jeder seine Keime rauspustet.
Da wird man kränker, als man schon ist,
da sitzt jeder da und schwitzt.

Überall gibts ein Husten und ein Niesen,
die Keime werden schießen.
Einer steckt den anderen an,
also ist jeder mal dran.

Herzschmerz

Mein Hilfeschrei ist leise,
ich möchte auf eine Reise.
Es ist eine Reise ohne Wiederkehr,
mein Herz ist unendlich schwer.

Nicht zu ertragen, ist dieser Schmerz,
es sticht immer mehr, mein Herz.
Die Sehnsucht nach meinem Mann halt ich nicht mehr aus,
ich muß hier raus.

Meine Seele ist krank,
ich bin dafür schlank.
Das nützt mir nun auch nichts mehr,
wenn mein Mann nicht bald kommt wieder her.

Das Leben sagt zu mir „Hallo, ich bin schön",
aber ich, ich kann das nicht mehr sehn.
Schwärzer als schwarz ist für mich jeder Tag,
durch den ich nicht mehr lange gehen mag.

Die Grenze an Schmerz ist bei mir erreicht,
ich fühle mich bestimmt nicht leicht.
Die Tage vergehn schwarz, wehmütig und schwer,
ich will das nicht mehr.

Ich vermisse meinen Mann so sehr,
das ertrag ich schon lang nicht mehr.
Das wird niemals vergehn,
ich verzeih doch ihn.

Diese Leere hier frißt mich bald auf,
ich übersteh nicht mehr diesen Lauf.
Ich kann nicht mehr, es tut so weh,
ich nun um Hilfe fleh.

Der Schmerz frißt sich immer tiefer in mein Herz,
dass ist ganz bestimmt kein Scherz.
Die Verzweiflung wächst mit jeder Stunde,
der Schmerz sagt immer, „Auf zur nächsten Runde“.

Ich kämpfte und kämpfe immer noch um sein Herz,
jeden Tag mit großem Schmerz.
Meine Sehnsucht und Liebe zu ihm werden nie verblassen,
ich werde ihn nicht hassen.

Lebenslust

Aus dem Seelensumpf steig ich empor,
ich spüre wieder das Leben, wie niemals zuvor.
Lange genug habe ich mich verkrochen,
nun habe ich endlich Leben gerochen.

Die Welt ist zu schön, um sie nicht zu sehn,
ich will sie entdecken, überall hin will ich gehn.
Die Ferne ruft nach mir,
am liebsten wär ich gar nicht mehr hier.

Viele schöne Gedichte will ich schreiben,
lange genug mußte ich leiden.
Niemehr laß ich sowas mehr zu,
ich will „leben“ und meine Ruh.

Jetzt weiß ich, das ich wer bin,
nun bekommt mein Leben wieder einen Sinn.
Fünf Kleidernummern kleiner bin ich auch,
ich fühl mich richtig wohl ohne Bauch.

Das Leben will ich in vollen Zügen genießen,
es gibt Dir niemand zurück, es soll sprießen.
Es gibt noch so viel für mich zu tun,
am liebsten, will ich gar nicht mehr ruhn.

Die Sonne wird für mich scheinen, jeden Tag,
ich höre, was mein Herz mir sagt.
Es sagt zu mir, „Trau Dir was,
und gib endlich Gas“.

Das nehm ich nun auch in die Hand,
ich fahr mein Leben nicht mehr gegen die Wand.
Auferstanden aus dem Sumpf,
nun kommt mein Triumph.

Ich feiere mein Leben,
es kann nichts Schöneres geben.
Meine Ärmel krempele ich hoch
und schon geht es los.

Ich lasse mir auch nichts mehr sagen,
das soll sich bloß mal noch jemand wagen.
Meine Meinung bekommt er gratis dann,
das macht doch endlich mal Fun.

Das graue Mäuschen gibt es nicht mehr,
das ist schon ziemlich lange her.
Mit mir macht keiner mehr, was er will,
nein, ich halte nicht mehr still.

Für mich wird sich nun alles ändern,
ich werde nicht mehr kentern.
Das laß ich nie wieder mit mir machen,
da kann ich nur sagen, „Pack Deine Sachen".

Liebesschmerz

Mit Dir weitergehn durchs Leben,
ist als würde ich im 7. Himmel schweben.
Jetzt ist mir alles egal,
mit Dir ist das Leben genial.

Den Sonnenschein in meinem Leben,
kann es nur mit Dir geben.
Du bist alles für mich,
für mich gibts nur Dich.

Du bist tief in meinem Herzen drin,
denn nur Du bist für mich der Sinn.
Du bist mein ganzes Lebensglück,
bitte komm schnell zurück.

Ich sitz in einem Scherbenhaufen,
es ist alles schiefgelaufen.
Die Scherben muß man aufsammeln nun,
komm laß es uns endlich tun.

An den Scherben kann man sich verletzen,
aber wir werden das Glück auf uns hetzen.
Du wirst sehn, es tut dann nicht mehr weh,
weil wir uns lieben, nur das ist okay.

Weißt Du nicht mehr, ich bins, Deine Frau,
ich weiß es noch genau.
Im Mai 2000 war es soweit,
wir beide sind ins Eheglück geschneit.

Das wirst Du wohl nicht vergessen haben,
wenn nicht, Du kannst mich ja noch mal fragen.
Ich weiß alles noch, als wär es gestern gewesen,
man kann das alles nicht einfach wegfegen mit einem Besen.

Die gestohlene Zeit kommt nicht zurück,
sie fehlt uns an unserem Glück.
Immer weiter tickt die Uhr,
beeil Dich, sei nicht länger so stur.

Mein Herzschmerz ist so groß,
da brauch man nicht mehr fragen, „Was ist los“?
Mir sieht es jeder an,
das ich vor Schmerz und Kummer nicht mehr kann.

Mein „JaWort“ habe ich nicht vergessen,
es hat jemand versucht mein Glück auszustechen.
Mein Glück hol ich mir zurück,
denn sonst werd ich mehr und mehr verrückt.

Mein Herz schenkt Dir immer mehr seine Liebe,
wirf sie doch nich´t einfach weg und gib noch mehr Hiebe.
Mein Herz weiß nicht mehr ein noch aus,
meine Gefühle zu Dir brennen heiß und müssen raus.

Mein Engel

Mein Engel, Du bist mein Leben,
mein Engel, dafür würd ich alles geben.
Mein Engel, mein Schatz bist nur Du,
mein Engel, sonst hab ich keine Ruh.

Mein Engel, ich lieb Dich so sehr,
mein Engel, kann es nicht ertragen mehr.
Mein Engel, Du weißt nicht wie das ist,
mein Engel, wenn Du nicht bei mir bist.

Mein Engel, die Welt ist ohne Dich nicht bunt,
mein Engel, ich fühle mich schlimmer als ein Hund.
Mein Engel, die Sonne scheint nicht mehr für mich,
mein Engel, ich liebe Dich.

Mein Engel, die Nacht hat für mich nie ein Ende,
mein Engel, weil ich nur an Dich denke.
Mein Engel, es ist schwarz um mich her,
mein Engel, ich will nicht mehr.

Mein Engel, ich schreie nur nach Dir,
mein Engel, ich verzeihe Dir.
Mein Engel, bleib jetzt hier,
mein Engel, ich steh zu Dir.

Mein Engel, komm zurück
mein Engel, dann schrei ich vor Glück.
Mein Engel, ich laß die Sonne wieder rein,
mein Engel, nur dann kann ich glücklich sein.

Mein Engel, ich liebe nur Dich,
Mein Engel, verrückt werde ich ohne Dich.
Mein Engel, ich vermiß Dich so sehr,
mein Engel, mein Herz ist leer.

Mein Engel, ich lebe nicht mehr,
mein Engel, in mir ist es dunkel und leer.
Mein Engel, warum mußtest Du von mir gehn,
mein Engel, ich kann es nicht verstehn.

Mein Herz gehört nur Dir

Mein Herz fühlt sich einsam ohne Dich,
mein Herz schenkt Dir Liebe nur für Dich.
Mein Herz liebt immer nur Dich,
ich liebe Dich.

Mein Herz liebt alles an Dir,
mein Herz lebt dafür.
Mein Herz strahlt, wenn es in Deine Augen sieht,
mein Herz freut sich, denn ich bin nur in Dich verliebt.

Mein Herz ist traurig, wenn Du mich vergißt,
mein Herz weint, wenn Du Dich verpißt.
Mein Herz blutet, wenn Du läßt mich allein,
mein Herz will immer bei Dir sein.

Mein Herz liebt es, auf Deinem Bauch zu liegen,
mein Herz spürt, wenn wir uns lieben.
Mein Herz liebt die Lust auf Dich und noch mehr,
mein Herz liebt Dich sehr.

Mein Herz will alles von Dir,
mein Herz will mit Dir durchs Leben gehn,
mein Herz findet es wunderschön.

Mein Herz will Dich küssen immerzu,
mein Herz schließt die Türe zu.
Mein Herz läßt Dich nicht mehr gehn, nimmermehr,
mein Herz liebt Dich sehr.

Mein Herz will auch wieder die Liebe von Dir,
mein Herz wird Dir alles geben dafür.
Mein Herz will, das Du mich auch wieder brauchst,
mein Herz will, das Du auf mich baust.

Mein Herz geht mir Dir durch dick und dünn,
mein Herz schlägt für Dich, das macht Sinn.
Mein Herz schlägt nur noch für Dich,
ich liebe Dich.

Mein Herz will Dich halten ganz fest,
mein Herz wird in Deine Arme gepreßt.
Mein Herz will Deine Arme um mich,
mein Herz schreit, ich liebe Dich.

Mein Herz, will lieben nur Dich,
mein Herz sagt, versetz mich nicht.
Mein Herz will Dich nie mehr vermissen,
mein Herz schreit, Du sollst Dich nicht mehr verpissen.

Mein Herz kann das nicht ertragen,
mein Herz sagt, das soll ich Dir sagen.
Mein Herz hört sonst auf zu schlagen,
mein Herz bleibt stehen ohne zu fragen.

Mein Herz will die Liebe von Dir für alle Zeit,
mein Herz sagt, bist Du bereit.
Mein Herz will Dir noch mal verzeihn,
mein Herz will immer bei Dir sein.

Mein Herz gehört nur Dir allein,
nur Dich brauch ich, um glücklich zu sein.
Mein Herz zerspringt, wenn ich Dich nur seh,
es tut immer schrecklich weh.

Mein Herz brennt lichterloh,
kann nicht leben ohne Dich, no.
Mein Herz ist voller Liebe für Dich,
ich küsse Dich zärtlich und denk nur an Dich.

Mein Herz spricht, komm wieder zurück,
denn nur Du bist mein Liebesglück.
Mein Herz ist voller Sonne für Dich,
ich liebe Dich.

Mein Herz spricht. laß mich nicht mehr allein,
ohne Dich werd ich einsam sein.
Mein Herz ist krank vor Kummer und Schmerz,
laß mich endlich wieder in Dein Herz.

Mein Herz liebt Dich, mein Verstand sagt nein,
das kann jetzt nicht schon alles gewesen sein.
Mein Herz erfriert ohne Dich,
denn es weint bitterlich.

Mein Herz will Dich fragen, warum tust Du mir das an,
aber es kommt keine Botschaft an.
Mein Herz will endlich wieder leben,
aber das kann es nur mit Dir, ich werd Dir alles geben.

Mein Herz läßt Dich wieder herein,
Du mußt nur treu und ehrlich sein.
Mein Herz hört sonst auf zu schlagen,
ohne vorher zu fragen.

Mein Herz liebt Dich für immer und ewig,
dazu steh ich.
Mein Herz ist treu für alle Zeit,
Du mußt nur kommen, dann bin ich bereit.

Mein Herz

Mein Herz ist einsam, es kann nicht mehr,
es schwächelt den ganzen Tag umher.
Es sehnt sich so nach Dir und Deiner Nähe,
es gibt so vieles, was ich nicht verstehe.

Mein Herz ist zerbrochen an Kummer und Schmerz,
ja, ich hatte mal ein Herz.
Trotzdem fühlt es noch genauso warm,
es schlägt Tag und Nacht Alarm.

Mein Herz fühlt sich an wie Blei,
es ist schwer und macht mich nicht frei.
Es ist gefangen mit meiner Liebe zu Dir,
komm bitte wieder durch diese Tür.

Mein Herz ist vor Kälte schon fast erstarrt,
so groß ist der Schmerz.
Es ist fast so schwer wie ein Stein,
weil ich immer um Dich wein.

Mein Herz schreit nach Dir und Deiner Liebe,
es hungert aus und es ist voller Triebe.
Es kann schon bald nicht mehr schlagen,
soviel Liebe muß es tragen.

Mein Herz weiß nicht, was es machen soll,
es ist nur mit Liebe voll.
Am Schmerz zerbricht es mehr und mehr,
denn es liebt Dich sehr.

Mein Herz will verstehn Dich,
aber laß mich nicht im Stich.
Mein Herz läßt Dich doch wieder rein,
die Tür steht auf, mein Herzilein.

Mein Herz blutet schon Tränen,
weil wir uns so nach Dir sehnen.
Durch die Hölle geht mein Herz,
es kann nicht ertragen, diesen Terz.

Mein Herz, die Einsamkeit bringt es um,
es will nicht, das alles ist so stumm.
Mein Herz hält das alles nicht aus,
es fleht Dich an, komm nach Haus.

Mein Herz quält sich jeden Tag mehr,
es fühlt sich verlassen so sehr.
Es kann nicht mehr, es wird zugrunde gehn,
wenn wir uns nicht bald wiedersehn.

Mein Herz quält sich mit jeder Stunde,
es sticht immer tiefer in die Wunde.
Es schlägt langsamer Tag für Tag,
weil ich täglich nach Dir frag.

Mein Herz kann die Last nicht tragen,
zu groß ist der Schmerz, das kann ich Dir sagen.
Der Schmerz geht richtig tief rein,
mein Herz will nicht mehr alleine sein.

Mein Taschentuch und ich

Mein Taschentuch, das brauche ich,
denn ohne geht es nicht.
Ich trag es immer in der linken Hand,
sonst lauf ich noch gegen eine Wand.

Mein bester Freund ist das Taschentuch,
denn ich bekomme selten Besuch.
Mein Mann ist einfach abgehauen,
er hinterließ mir einen Tränenbaum.

Trocknen können die Tränen nicht,
sie fließen mir immer weiter ins Gesicht.
Ohne mein Taschentuch geh ich nicht aus dem Haus,
das Taschentuch ist es was ich brauch.

Wenn ich es mal vergessen hab,
dreh ich durch und nicht zu knapp.
Verlieren darf ich es nicht,
dann merk ich, wie die Erde bricht.

Ohne mein Taschentuch in der Hand,
geht es bergab mit mir, unszwar rasant.
Ich zittere wie Espenlaub,
ich glaub, mein Taschentuch hat mir jemand geraubt.

Seitdem mein Mann weg ist, brauch ich es immerzu,
denn es läßt mir keine Ruh.
Am Taschentuch hab ich wenigstens ein wenig Halt,
bevor es hier bald richtig knallt.

Mein Mann ist weg, ich brauche es,
denn sonst gibt es mir den Rest.
Das Taschentuch fängt wenigstens ein paar Tränen auf,
denn sie haben immer ihren Lauf.

Manchmal sprech ich schon mit dem Taschentuch,
denn es ist mein Besuch.
Zu dem Taschentuch hab ich Vertrauen,
ich bin dabei, mit ihm eine Freundschaft aufzubauen.

Die anderen können mich alle mal,
denn sie haben sowieso einen Knall.
Richtige Freunde waren das nie,
der Arschtritt kam, aber wie.

Mein Taschentuch baute mich wieder auf,
von ihm bekomm ich nie eine drauf.
Nur das Taschentuch ist lieb zu mir,
das Taschentuch sagt, ich schenk Dich mir.

Ich liebe mein Taschentuch,
denn es ist wie ein beschriebenes Buch.
Dem Taschentuch kann ich alles erzählen,
ich brauche nur seine Nummer wählen.

Meine Freundin und ich

Du bist der helle Sonnenschein,
So was wie Du kommt immer bei mir rein.
Wir beide lenken uns gut ab,
denn wir machen niemals schlapp.

Wir beide trinken Kaffee zu zweit,
ihr schmeckt er auch kalt, mir nur heiß.
Kaffee ist ihr liebstes Getränk,
weil sie nun mal nur an Kaffee denkt.

Ich schreibe ohne Ende Gedichte,
Ich mache aus alles eine Geschichte.
Egal was es für ein Ende nimmt,
am Ende stimmts.

Viel Freude haben wir daran,
Gedichte zu schreiben, ab und wann.
Mir fallen die lustigsten Sachen ein,
da packen wir noch lange nicht ein.

Immer weiter werden wir schreiben,
dabei wird niemand von uns leiden.
Das Wichtigste ist der Spaß,
Ich schreibe ohne Unterlaß.

Wir beide haben Spaß zu zweit,
wir beide lieben Rommey zur Zeit.
Wir kommen auf die verrücktesten Ideen,
da will sie niemals nach Hause gehn.

Beim Rommey geht es dann heiß her,
wer wird verlieren, wer wird gewinnen, wer.
Wir spielen um die Wette,
wer hat sie um, die Siegerkette.

Mann, ist schon wieder die Zeit schnell vergangen,
es ist spät, wir haben doch erst angefangen.
Die Zeit ist vergangen, wie im Flug,
das ist ja wohl Betrug.

Meine Liebe brennt für Dich

Mein Herz ist so allein ohne Dich,
nein, ohne Dich will ich nicht.
Ich brenne für Dich heiß,
ich will, das Du das weißt.

Meine Liebe brennt heiß ohne Dich,
ohne Dich verbrenn ich mich.
Fühlst Du denn meine Liebe nicht?
Bitte vergiß mich nicht!

Ich kann Dir meine Liebe nicht beschreiben,
denn ich muß unendlich leiden.
Ich möchte vor lauter Liebe laut schreien,
nein, ich möchte nicht mehr weinen.

Was ich an Dich schon für Tränen vergossen,
es kommt einfach aus mir rausgeschossen.
Ich leide stark wegen Dir,
wegen Dir sitz ich alleine hier.

Jeden Tag muß ich diesselbe Qual erleiden,
nein, ich will mich niemals scheiden.
Du bist für mich der Mann, den ich will,
um mich her, ist es so still.

Du sollst mich nicht mehr meiden,
denn ich will nicht so leiden.
Vorbei soll dieser Traum sein,
dann bist Du wieder mein.

Dieser Traum soll schnell vorübergehn,
denn ich will Dich wiedersehn.
Ich will nicht länger warten,
dann können wir in eine neue Zukunft starten.

Öffnen will ich Dir mein Herz,
wenn auch, mit großem Schmerz.
Ich will Dir meine Liebe wieder geben,
dann fängt es an, unser Leben.

Meine Gefühle zu Dir kennen keine Grenzen,
ich will Dir von mir alles schenken.
Ich bete für unsere Liebe jeden Tag,
weil ich es sonst nicht ertrag.

Weißt Du überhaupt, wie sehr ich Dich liebe?
Warum bekomm ich von Dir Hiebe?
Es tut so weh, ich leide sehr,
denn ich hab kein Leben mehr.

Der Sinn des Lebens ist für mich,
das Du kommst, ich brauche Dich.
Ohne Dich bin ich tot, wie ein Stein,
ohne Dich wird nichts mehr sein.

Ich will, das Du immer bei mir bist
und mich nie wieder vergißt.
Du sollst Dich nicht verabschieden mehr,
denn ich liebe Dich so sehr.

Meine Liebe zu Dir

Zu Ende geht wieder einmal ein Tag,
an den ich, wie die anderen Tage, nicht denken mag.
Kürzer sind jetzt die Tage,
nur bei mir sind sie lang, weil ich soviel Kummer und Schmerz in mir trage.

Die Kälte ist bei mir eingezogen,
ich fühle mich wie ausgezogen.
Ich erfriere bald, mir ist so kalt,
ohne meinen Mann hab ich keinen Halt.

Immer tiefer falle ich hinab,
ich mache immer mehr jetzt schlapp.
Auf dieser Couch bin ich gefangen,
der Schmerz, er hat im Mai angefangen.

Mein Körper ist schon leblos und leer,
nur mein Verstand gibt noch so einiges her.
Meine Gefühle für meinen Mann,
an die kommt niemand anderes heran.

Liebe, ist für mich nicht nur ein Wort,
sie hält mich das ganze Leben fort.
Liebe kann man nicht einfach so wegschmeißen
und einem das Herz rausreißen.

Meine Liebe für Dich hält für immer,
ich sehne für so nach Dir, Du hast keinen Schimmer.
Hinaus schrei ich meine Liebe zu Dir,
mein Herz kann nicht anders, es sehnt sich so nach Dir.

Seit Mai sitz ich hier allein,
mit jedem Tag, der vergeht, möcht ich laut schrein.
Es sind Schmerzschreie vor lauter Leid,
der Schmerz macht sich bei mir überall breit.

Der Boden hat sich unter meinen Füßen weggezogen,
weil Du hast mich angelogen.
Keinen einzigen Tag verkrafte ich bald mehr,
denn für meine Liebe kämpfe ich sehr.

Ich kann das nicht mehr überstehn,
ohne Dich ins Leere zu sehn.
Es ist ein täglicher Überlebenskampf,
ohne Dich, mein Herz ist krank.

Immer weiter dreht sich die Welt,
für mich steht sie still, es wird nicht hell.
Weiter dreht sie sich nur mit Dir,
wenn Du bist wieder hier.

Ich ertrag es nicht mehr allein,
wann wirst Du endlich wieder bei mir sein.
Du bist doch meine Liebe für alle Zeit
mein Herz öffnet sich für Dich ganz weit.

Mutterliebe

Ich wünsche Dir ein frohes, gesundes Neues Jahr,
vergiß das Alte Jahr, das war.
Das Neue Jahr wird schön,
Du darfst nur nicht vergessen, Deinen Weg zu gehn.

Ich liebe Dich von Herzen,
für Dich zünd ich an, viele Kerzen.
Gesundheit und Glück sollen Dich begleiten,
Du wirst sehn, Dein Herz wird sich weiten.

Ein Jahr voller Höhen wünsch ich Dir,
mach Dir selber ein Geschenk,
das Glück dann von allein an Dich denkt.

Die Sonne soll für Dich immer scheinen,
das Glück, Gesundheit sollen es gut mit Dir meinen.
Im Regen sollst Du niemals stehn,
Deine Mutter ist immer für Dich da, das wirst Du sehn.

Seine Mutter muß man in Ehren halten,
wenn man will, sie noch lange behalten.
Man kann über alles miteinander sprechen,
Du bist mein Sohn, laß uns geben das Versprechen.

Gekümmert hab ich mich immer liebevoll um Dich,
ich laß Dich nämlich nie im Stich.
Ich war immer für Dich da,
aber das weißt Du ja.

Ich mache alles, was ich kann,
ich bin immer an Dir dran.
Auch wenn Du mal ausgezogen bist,
bist Du mein Spezialist.

Egal wie weit und wohin es Dich mal zieht,
ich bin für Dich die beste Mutter, die es gibt.
Ich hoffe, Du wirst mich dann ab und zu mal besuchen,
ich backe Dir auch einen leckeren Kuchen.

Hauptsache Du vergißt Deine Mutter nicht,
ich verlaß mich auf Dich.
Ich werde es nicht verstehn,
wenn Du Deine Mutter willst nicht sehn.

Ich opfere mich immer für Dich auf,
egal was ist, ich mache immer das Beste draus.
Ich will, das es Dir mal besser geht,
und das Dir nichts im Wege steht.

Mutter und Sohn, wir sind ein Band,
früher nahm ich Dich an die Hand.
Die Zeiten sind nun vorbei,
verzeih mir, wenn ich schrei.

Du bist nun groß,
aber Deine Mutter wirst Du niemals los.
Deine Mutter werde ich immer bleiben,
Du sollst niemals leiden.

Neujahr

Ich wünsche Dir einen guten Rutsch,
das im Neuen Jahr für Dich alles flutscht.
Feiere und genieße Silvester schön,
sei lustig und unbeschwert, das Alte Jahr kann gehn.

Hab Mut was Neues zu erleben,
das Alte kannst Du um Null Uhr abgeben.
Mut zum Glück sei Dir beschert,
die Sorgen sind wie weggekehrt.

Ich heb mein Glas für Dich,
ich wünsche Dir nur das Beste, ganz sicherlich.
Heiße das Neue Jahr willkommen,
vom Alten hast Du jetzt schon Abschied genommen.

Auf den Stühlen bleibt keiner sitzen,
beim Feuerwerk kommt man ins Schwitzen.
Die Gefühle fahren Achterbahn,
Du bekommst Schwung und bist voller Elan.

Freue Dich aufs Neue Jahr,
ich hab es im Gefühl, es wird Dein Jahr.
Gesundheit und Glück sollen Dich begleiten,
dann wird auch Dein Herz sich weiten.

Was Du Dir vorgenommen hast, wird in Erfrüllung gehn,
Du mußt nur nach vorne sehn.
Vergiß die alten Sorgen,
denk nur noch an morgen.

Nur mit Dir

In meinem Herzen bist nur Du,
ohne Dich find ich keine Ruh.
Nur Du bist immer in meinen Gedanken,
nur mit Dir kann ich neue Kraft auftanken.

Nur mit Dir, will ich noch die Sonne sehn,
nur mit Dir, will ich den Lebensweg gehn.
Nur mit Dir, will ich den Sonnenuntergang sehn,
nur mit Dir, kann ich die Welt verstehn.

Nur mit Dir, wird mein Herzschmerz wieder werden,
nur mit Dir, bin ich noch glücklich auf Erden.
Nur mit Dir, will ich mein Leben verbringen,
nur mit Dir, wird wieder alles stimmen.

Nur mit Dir, kann ich noch weiterleben,
nur mit Dir, kann ich alles geben.
Nur mit Dir, wird es bei mir wieder hell,
nur mit Dir, komm bitte schnell.

Nur mit Dir, wird das Leben wieder schön,
nur mit Dir, werd ich mich an alles gewöhn.
Nur mit Dir, lacht mein Herz im Nu,
nur mit Dir, find ich Ruh.

Nur mit Dir, will ich alles teilen,
nur mit Dir, will ich noch auf dieser Welt verweilen.
Nur mit Dir, zusammen wird alles gut,
nur mit Dir, zusammen, ach wie tut das gut.

Nur mit Dir, bekomm ich die Luft, die ich brauch,
nur mit Dir, kann ich atmen auch.
Nur mit Dir, kann ich wieder alles machen,
nur mit Dir, all die schönen Sachen.

Nur mit Dir, bleibt hier nichts mehr stehn,
nur mit Dir, wirds weitergehn.
Nur mit Dir, raff ich mich auf,
nur mit Dir, nimmt alles seinen Lauf und ich geb mich nicht auf.

Nur mit Dir, will ich im Bettchen liegen,
nur mit Dir, will ich die Liebe leben.
Nur mit Dir, hängt der Himmel voller Geigen,
nur mit Dir, komm laß mich ihn Dir zeigen.

Nur mit Dir, kann sich das Glücksrad drehn,
nur mit Dir, will ich alles überstehn.
Nur mit Dir, gibt es einen Grund,
nur mit Dir, werd ich gesund.

Nur mit Dir, wird alles weitergehn,
nur mit Dir, kann ich überhaupt noch stehn.
Nur mit Dir, fällt mir alles leicht,
nur mit Dir, sag ich nicht „Es reicht".

Nur mit Dir, werde ich alles schaffen,
nur mit Dir, Du mußt mich nur lassen.
Nur mit Dir, werd ich wieder lachen,
nur mit Dir, zusammen lassen wir es krachen.

Nur mit Dir, hab ich keine Wunden,
nur mit Dir, kann ich vollkommen gesunden.
Nur mit Dir, ich kann Dir alles sagen,
nur mit Dir, nichts wird mehr an mir nagen.

Ohne ein Wort

Ohne ein Wort gingst Du von mir fort,
Du bist losgezogen an einen anderen Ort.
Ohne ein Wort machtest Dich von mir frei,
verzeih mir, wenn ich schrei.

Ohne ein Wort, hast Du mich verletzt,
Du hast alle auf mich gehetzt.
Ohne ein Wort hast Du mich belogen,
verzeih mir, ich fühl mich noch zu Dir hingezogen.

Ohne ein Wort, hast Du mich verlassen,
eigentlich müßte ich Dich hassen.
Ohne ein Wort kam eine andere daher,
auf einmal liebtest Du mich nicht mehr.

Ohne ein Wort, nach all den Jahren,
wo wir doch, dacht ich, glücklich waren.
Ohne ein Wort, das Glück steht Dir nicht ins Gesicht geschrieben,
da, wo Du bist, nun geblieben.

Ohne ein Wort, machte Dein Herz Schluß mit mir,
verzeih, wenn ich das nicht kapier.
Ohne ein Wort, bist Du nun an einem anderen Ort,
verzeih mir, für mich ist es Herzensmord.

Ohne ein Wort, fließen mir die Tränen,
weil mein Herz und ich mich so nach Dir sehnen.
Ohne ein Wort, empfinde ich noch meine Liebe zu Dir,
verzeih mir, wenn ich frier.

Ohne ein Wort, bist Du auf einmal so kalt,
alles auf micht prallt.
Ohne ein Wort, versteh ich es nicht,
verzeih mir, wenn für mich die Erde bricht.

Rauchfrei

Nimm die Zigarette aus dem Mund,
sie macht Dich krank und nicht gesund.
Schleichend kommen die Beschwerden,
was soll dann aus Dir werden?

Gelb und faul werden Deine Zähne,
dann vergießt Du bestimmt eine Träne.
Sie werden locker und fallen raus,
sag jetzt nicht, Du machtst Dir nichts draus.

Hast Du eigentlich mal nachgedacht,
auch die Sehkraft, sie wird langsam schwach.
Die Blindheit kommt auf Dich zu,
Du kommst nie mehr zu Ruh.

Es greift den Kreislauf an,
irgendwann sind die Organe dran.
Ob Herz, Lunge, Leber und so weiter,
glaub mir, Du wirst nie wieder heiter.

Das Rauchen ist eine Sucht,
mit der Du unbedingt Schluß machen mußt.
Laß es nicht zu, das es Deinen Körper zerfrißt,
das ist doch riesengroßer Mist.

Viel Geld wird Tag für Tag in die Luft gepustet,
natürlich wird dann auch gehustet.
Der Raucherhusten ist doch schon eine Qual,
überleg mal, Du hast die Wahl.

Du lebst gesünder, glaub es mir,
weil Du bist noch länger hier.
Das Leben ist doch viel zu schön,
nur wegen Zigaretten zu gehn.

Raus in die Natur

Mach Dich auf die Spur,
geh raus in die Natur.
Viele schöne Sachen wirst Du entdecken,
das wird die Lust auf mehr in Dir wecken.

Ob es regnet oder schneit,
für die Natur nimmt man sich Zeit.
Den Alltagsstreß kannst Du vergessen,
die Sorgen würden Dich sonst nur fressen.

Atme durch und hol tief Luft,
riechst Du nicht den herrlichen Duft?
Das ist der Duft der Natur,
geh hinaus und hol ihn Dir.

Die Natur versteckt viele Wunder,
entdecke sie, glaub mir, die Welt ist bunter.
Allein die Tiere im Wald sind ein Genuß,
aber sei leise, das ist ein Muß.

Begib Dich auf die Lauer,
die Tiere haben garantiert noch mehr Zuschauer.
Die Welt ist noch mal so schön,
wenn Du kannst den Tieren zu sehn.

In der Natur kannst Du die Zeit vergessen,
hol aus Deiner Tasche mal was zu Essen.
Nun kann es weitergehn auf Schusters Rappen,
andere Tiere werden auch auf Dich warten.

Geh auch mal an einen See entlang,
manchmal siehst Du Angler beim Fische fangen.
Das Wasser kann beruhigend sein,
es stimmt Dich auf schöne Dinge im Leben ein.

Viele Gesichter malt die Natur,
geh hinaus und entdeck sie nur.
Egal zu welcher Jahreszeit,
für eine Farbenpracht mach Dich bereit.

Im Frühjahr und im Sommer blühen die Blumen,
im Herbst fällt das Laub, im Winter liegt Schnee.
Das ganze Jahr bist Du der Natur auf der Spur,
such sie nur.

Mit der Zeit, Du wirst es sehn,
siehst Du alles ringsumher blühn.
Du kannst nie mehr genug bekommen,
die Natur ist zu Dir gekommen.

Rommeybock

Ich habe Rommeybock, Du auch?
Komm doch her im schnellen Lauf.
Nur einer kann der Gewinner sein,
das werd ich sein, heute bin ich mal gemein.

Deine Karten sind heute mein,
ja, ich bin so gemein.
Nur kleinen Mist bekommst Du auf die Hand,
da bin ich mal richtig gespannt.

Du wirst Dich ärgern ungemein,
ich lach mir ins Fäustchen, das muß sein.
Rache ist süß, das weißt Du ja,
Du verlierst heute, das ist doch klar.

Die Karten kannst Du mischen, wie Du willst,
Du bekommst kein anderes Bild.
Der kleine Mist wird immer kleiner,
und ich habe Bube, Dame, König und so weiter.

Schadenfroh bin ich nun auch,
das ist das, was ich jetzt brauch.
Mein kleines Herz, das freut sich sehr,
Du wirst verlieren, das ist nicht schwer.

Du verzweifelst, die Runden vergehn,
Du kannst das nicht verstehn.
Da muß doch was zu machen sein,
nein, ich mach Dich heute klein.

Du kannst nichts machen, siehs endlich ein,
ich werd heut die Gewinnerin sein.
Ich mach Dich alle, sei gewiß,
ich hoffe, das Du dann noch gut bei Laune bist.

Du verstehst die Welt nicht mehr,
Du sagst zu mir „Gib mir endlich meine schönen Karten her.“
Nein, das kannst Du vergessen,
heute bin ich auf das Blatt versessen.

Ach, das ist alles nur ein Spiel,
ich gewinne, das ist mein Ziel.
Stell Dich aufs Verlieren ein,
das muß heute mal sein.

Sonst war ich immer die Verliererfrau,
bei mir gab es dann einen Stau.
Ich konnte es auch nie verstehn,
wenn ich Deine Karten hab gesehn.

Aber heute geb ichs Dir,
Das Verlieren liegt ganz bei Dir.
Jetzt legen wir los, mach was draus,
das Du gehen willst nicht nach Haus.

Verlieren ist nicht schwer,
denn das machst Du heute, das ist nur fair.
Lange genug hab ich verloren,
nun bist Du auserkoren.

Sehnsucht

Mein Herz und ich, wir warten voller Ungeduld auf Dich,
denn wir lieben und vermissen Dich.
Mein Herz ist warm, weil es Tag und Nacht und Dich denkt,
es trägt meine ganze Liebe zu Dir in sich,
mein Herz weint immer mehr, bitterlich.

Mein Herz trägt die Sehnsucht nach Dir mit sich rum,
ich komme fast um.
Ich möchte am liebsten die Luft anhalten,
ich will Dich behalten.

Wir gehören zusammen, Du bist mein Mann,
ohne den ich bald nicht mehr kann.
Unsere Hochzeit war so schön,
wir beide dürfen nie auseinandergehn.

Ich verzweifle immer mehr,
ich vermisse Dich so sehr.
Du fehlst mir jede Sekunde,
nur mit Dir sag ich, „Komm wir drehn noch ne Runde“.

In Gedanken seh ich nur Dich,
mein Herz spürt die Verzweiflung innerlich.
Träumen tu ich immer nur von Dir,
warum bist Du noch nicht hier.

Nie mehr loslassen will ich Dich,
einen anderen gibt es für mich nicht.
Du bist mein Mann, den ich nur will,
im Moment ist alles hier still.

Mein Herz wird wie Butter in Deinen Armen zerlaufen,
wenn wir uns wieder zusammenraufen.
Ich brauche und vermisse Dich in meinem Leben,
für mich wird es niemals einen anderen geben.

Voller Hoffnung warten mein Herz und ich auf Dich,
nein, auf Dich, verzichte ich nicht.
Stunde um Stunde, die vergeht,
in der sich die Welt und das Leben ohne mich weiterdreht.

Mein Herz und ich, wir wollen nur Dich,
unser Liebesglück bist Du, bitte zieh Dir an, diesen Schuh.
Du kannst auf mich auch nicht mehr lange verzichten,
Du wirst es sicher bald richten.

Mich quält jeder Tag mehr,
ich vermisse Dich immer sehr.
Ich leide schrecklich, weil Du nicht da,
dabei bist Du mir eigentlich sehr nah.

Am liebsten will ich greifen nach Dir,
aber Du bist leider noch nicht hier.
Bitte gib Dir jetzt endlichen einen Ruck,
wir beide werden wieder glücklich, ruckzuck.

Stille Trauer

Um mich ist das Leben still geworden,
ich wünschte, ich wär niemals geboren,
Durchstehen tue ich das nicht mehr lange,
ich habe richtig Angst und Bange.

Die Verzweiflung wächst mit jedem Tag mehr,
ich schreie um Hilfe, ich kann nicht mehr, in mir ist es leer.
Hört mich denn keiner schrein
und wie ich Tag und Nacht wein.

Ich trage große Liebe zu meinem Mann in meinem Herzen,
ich kann das nicht mehr verschmerzen.
Es tut so unheimlich weh,
es kommt bald der Schnee.

Ich kann meine Gefühle nicht beschreiben,
es tut so weh, ich muß leiden.
Die Welt soll untergehn mit mir,
so das ich nichts mehr spür.

So verlassen und allein,
das wünsche ich keinem.
Ich kann das alles nicht begreifen,
jeder andere würde auf ihn pfeiffen.

Ich pfeiffe sowieso aus dem letzten Loch,
ich liebe und vermisse ihn doch.
Es gibt für mich kein Leben mehr ohne meinen Mann,
ich pfeiffe noch, bis ich nicht mehr kann.

Jeder Atemzug ohne ihn fällt mir schwer,
die schwere Last ertrage ich nicht mehr.
Lange habe ich ihn schon nicht gesehen,
irgendwann werd ich untergehen.

Wie die Titanic geht es dann mir,
tief versunken unten im Meer.
Es ist zwar entsetzlich kalt,
aber ich spüre nichts mehr, ich sag „Auf Wiedersehen, bis bald".

Spüren will ich nur noch meinen Mann,
ansonsten bin ich tot irgendwann.
Nur er ist der Sinn meines Lebens,
darum hab ich auch bis jetzt noch nicht aufgegeben.

Aber die Zeit schreitet immer weiter voran,
bis ich irgendwann nicht mehr kann.
An die Titanic muß ich immer denken,
sie wird mich dann schon lenken.

Wo die Titanic versunken ist im Meer,
da möcht ich hin und komm nimmermehr.
Dann werd ich noch einmal um „Hilfe" schreien,
bitte, laß mich nicht allein.

Wenn Du nicht kommst,
sink ich hinunter, tief in den Abgrund, immer weiter runter.
Sehr tief werde ich sinken,
mich wird dann niemand mehr finden.

Ohne meinen Mann will ich nicht weiterleben,
ich will ihm noch soviel geben.
Mein Mann ist alles für mich,
ich sage zu ihm niemals und Tschüß.

Todeskampf im Meer

Wie die Titanic bin ich schon gesunken,
in die Tiefe ganz weit nach unten.
Immer tiefer sinke ich,
weil ich immer nur denk an Dich, denn ich liebe Dich.

Ich bin schon fast erfroren, es ist so kalt,
hoffentlich kommst Du bald.
Ich bin fast erstarrt, so eisig ist das Meer,
die Tiefe ist die Weite ohne Wiederkehr.

Blau laufen mir die Lippen schon an,
ich frage mich nur, „Wann kommst Du, wann?
Es dauert nicht mehr lange, dann bin ich erfroren,
das Meer hat mich geholt, aber ich liebe Dich, das habe ich geschworen.

Ich sage mir immer, „Halte noch aus“,
dein Mann holt Dich hier gleich raus.
Er wird kommen und mich aus dem eisigen Meer befreien,
dann brauch ich nicht mehr schreien.

Vom Schiff schwimmen Trümmer herum,
ich halte mich fest, aber es ist glitschig drumrum.
Meine Hände sind schon zu Eis erstarrt,
ich komm nicht rauf, ich fall immer wieder ab.

Halte noch ein bißchen aus,
Dein Mann kommt, er holt Dich gleich hier raus.
Das muß ich mir immer wieder sagen,
dann ist die Kälte ein wenig leichter zu tragen.

Aber es wird immer kälter,
meine Beine kann ich schon nicht bewegen mehr,
sie sind steif und richtig schwer.
Es ist so, als fallen sie mir ab,
dann mach ich schlapp.

Ein anderer zieht mich hoch,
ich liege da und bin halb tot.
Röcheln hört man mich nur noch leise,
es naht der Abschied, er kommt nun so auf diese Weise.

Immer noch warte ich auf Dich
und bei alledem, denk ich nur an Dich.
Ich liebe Dich, vergiß das nie,
das ist das, was ich in die Welt hinausschrie.

Jetzt kann ich aber nicht mehr schrein,
ich kann nur noch ganz leise sein.
Es hört mich keiner mehr,
denn meine Stimme ist leise, sehr.

Immer noch kämpfe ich,
ich suche Dich, aber ich finde Dich nicht.
Ich suche Dich trotzdem immer weiter,
vielleicht hab ich Glück und Du kommst auf einem Schiff.

Dann werd ich Dich endlich wiedersehn,
und wir können uns in die Arme nehmen.
Dann wird alles wieder gut,
ich bin nicht tot.

Urlaub an der Ostsee

Du mußt mal wieder Urlaub machen,
pack doch Deine sieben Sachen.
Vom Streß zerfressen bist Du schon,
sonst bekommst Du Deinen Lohn.

Schüttle Deine Sorgen ab,
schmeiß sie einfach in einen Sack.
Los gehts an die Ostsee dann,
nun fängt Dein Urlaub an.

Das Meer zu sehn ist wunderschön,
Du wirst vieles mit anderen Augen sehn.
Vergessen sind die Alltagssorgen,
genieß den Urlaub, denke nicht an morgen.

Dein Urlaub wird schön,
Du kannst endlich die Ostsee sehn.
Vielleicht liegst Du heut am Strand,
auf dem schönen Ostseesand.

Egal, ob es regnet oder nicht,
ins Meer hinein, da gibts kein Verzicht.
Einmal im Jahr ist Urlaub nur,
das ist Erholung pur.

Vielleicht hast Du Glück, das es nicht regnet,
und Du den Tropfen nicht begegnest.
Ich drück Dir die Daumen, das die Sonne scheint,
und der Herr Gott es gut mir Dir meint.

Wunderschöne Muscheln findest Du am Strand,
sammle sie auf und nimm sie in die Hand.
Das Rauschen des Meeres wirst Du hören,
laß Dich dabei nicht stören.

An zu Hause willst Du noch lange nicht denken,
es ist Zeit, Dich abzulenken.
Stoß an, auf die schöne Urlaubszeit,
Du freust Dich und bist bereit.

Einen schönen Urlaub wünsch ich Dir noch,
keine Sorgen, kein Streß, raus aus dem Loch.
Viel Spaß und laß es krachen,
dann kannst Du alles sacken lassen.

Verlorener Lebensmut

Warum ist das Leben nur so schwer,
warum kann man es nicht tragen mehr?
Warum fühlt sich alles so an,
als wenn das Leben mich mal kann?

Ich verkrafte das alles nicht,
ein Leben so leben, das kann ich nicht.
Mein Leben ist kein Leben mehr,
die Kraft schwindet mehr und mehr.

Ich kann nicht mehr,
das Leben schlaucht,
weil mich niemand mehr braucht.
Alleine und einsam zu sein, das Leben ist so gemein.

Das Leben bringt mich um,
da red ich nicht lange drumrum.
Ich kann es nicht mehr ertragen,
jeden Tag aufs Neue nach dem Leben zu fragen.

Mein Leben wurde mir genommen,
ganz tief unten bin ich angekommen.
Mein Leben ist verschwunden,
ich habe tiefe Wunden.

Für mich ist das Leben nicht mehr lebenswert,
im Gegenteil, ich mache dem Leben kehrt.
Dem Leben kehre ich den Rücken zu,
nein, ich finde niemals wieder Ruh.

Das Leben sollte man genießen,
ich kann nur noch Tränen vergießen.
Davon sind schon reichlich geflossen,
sie laufen weiter unverdrossen.

Freude haben im Leben,
das ist ein Segen.
Meine Freude ist verschwunden,
sie dreht irgendwo ihre Runden.

Die Hunde wurden auf mein Leben gehetzt,
ich wurde richtig schwer verletzt.
Die Hunde sind immer noch auf mir drauf,
sie beißen mich kaputt, sie hören nicht auf.

Immer mehr beißen sich die Hunde an meinem Leben fest,
aber bald gibt es mir den Rest.
Die Hunde quälen mich und meine Seele,
die wollen das ich endlich aufgebe.

Meine Seele, die ist schon vergraben,
aber ich habe hier wohl noch einige Aufgaben.
Das Leben ist trotzdem für mich vorbei,
ich bin vom Schmerz und Kummer niemals frei.

Gefangen von Kummer und Schmerz,
sie sitzen tief in meinem Herz.
So kann und will ich das Leben nicht mehr tragen,
wen kann ich nur um Hilfe fragen.

Warum?

Mein Herz, mein Kopf und meine Glieder schmerzen,
nur Dich lieb ich von Herzen.
Alles tut mir weh,
ich will Dich endlich wiedersehn.

Ich weiß, wo Du bist, das macht mich verrückt,
jeden Tag mehr, Stück für Stück.
Kann den Gedanken kaum ertragen,
immer nach dem „Warum" zu fragen.

Warum tust Du mir sowas an,
läßt mich nicht mehr an Dich ran.
Warum läßt Du mich soviel Leid ertragen,
warum quälst Du mich so mit all den Fragen.

Warum läßt Du mich allein im Leben,
ich habe Dir immer alles gegeben.
Alles hab ich für Dich getan,
und Du tust mir sowas an.

Ich liebe Dich vom ganzen Herzen,
damit kann man nicht scherzen.
Mein Herz, meine Gefühle, meine Gedanken sind immer nur bei Dir,
Du sagst einfach, Du kannst nichts dafür.

Meine Sehnsucht nach Dir bringt mich um den Verstand,
ich fühle mich wie ausgebrannt.
Vom Herzen bin ich eigentlich schon tot,
nichts ist im Lot.

Die Welt dreht sich nicht mehr,
sie ist für mich einsam und leer.
Ich weine bitterlich Tag und Nacht,
das hast Du mit mir gemacht.

Meine Liebe zu Dir wird niemals enden,
da kannst Du Dich drehen und wenden.
Ich schenke Dir alles von mir, was ich hab,
weil ich Dich für immer in meinem Herzen trag.

Du bist immer bei mir Tag und Nacht,
es ist keiner da, der über mich wacht.
Ich träume von Dir jede Nacht,
denn dann mein Herz, es lacht.

Wenn ich aufwach jeden Morgen,
sind sie wieder da, die Sorgen.
Dann fängt mein Herz an wieder zu schmerzen,
ich liebe Dich von Herzen.